EL FARO DE ASAF

REFLEXIONES CRISTIANAS INOLVIDABLES

ROBERTO ORNAN ROCHE

Copyright © 2008 Roberto Ornan Roche

Oficina de Copyright, Estados Unidos de América

Reservados todos los derechos

ISBN: 0987901109
ISBN-13: 978-0987901101

Impreso en Estados Unidos

Publicado en ingles bajo el título: "The Lighthouse of Asaph"

Portada inspirada en una obra del pintor Javier Dueñas.

DEDICATORIA

Dedico mi libro a todos los que sufren dolor y pruebas en el Mundo. Que la luz, la fe y el perdón los alcance. Que cada día, en el amor del Señor, vean más pequeñas sus pruebas y tribulaciones.

CONTENIDO

	Reflexiones cristianas inolvidables	i
1	Jesús	Pg #1
2	El Abrazo de David	Pg #3
3	Cenando con el Señor	Pg #7
4	La Historia Perfecta	Pg #11
5	Los Borradores de Sansón	Pg #13
6	Arena en mis ojos	Pg #17
7	Un Mar Rojo para toda la vida	Pg #21
8	Simplemente lo mejor	Pg #23
9	El secreto de la amistad	Pg #25
10	El milagro del tiempo	Pg #29
11	La última oveja	Pg #31
12	Los trenes de la vida	Pg #33
13	El Faro de Asaf	Pg #35
13	La única jugada	Pg #37
15	Equipaje abandonado	Pg #39
16	La montaña	Pg #41
17	Mi lugar	Pg #43
18	Vida de promesas: Una eterna bendición	Pg #47
19	Inesperado	Pg #49
20	El corredor cristiano	Pg #53
21	Un sentimiento especial	Pg #56
22	Elim a la vista	Pg #59
23	Una vasija para siempre	Pg #61
24	Repartimos sus ropas	Pg #65
25	Restauración	Pg #67
26	Tejados	Pg #71
27	Lo que Dios hace	Pg #73
28	Una oración por una herida	Pg #75

29	El Chef Malvado	Pg #79
30	El Ángel Ciego	Pg #83
31	Medusa	Pg #85
32	Rechazando a Job	Pg #89

REFLEXIONES CRISTIANAS INOLVIDABLES

Hace algunos años escribí una seria de historias, lo hice sin pensar en publicarlas, menos aún compartirlo con tantas personas, sólo lo hacía con mi círculo cercano de amigos y algunos familiares.

Poco a poco esas historias fueron creciendo, no sólo en número sino también en la cantidad de sentimientos personales y vuelos creativos que eran capaces de arrancar de mi propio corazón. Entonces un pastor de República Dominicana que puso su confianza, oración y apoyo en mí, me estimulaba a seguir escribiéndolas, alentándome con el hecho de que pudieran servir para ayudar a otros.

Mi vida era un mar de tristeza, veía milagros aparentemente inmerecidos por todas partes, pero mi milagro parecía totalmente imposible, sin comprender que un milagro me estaba sucediendo también a mí. La clase de milagros que yo esperaba para mí, de caminos que hacen regresar al presente un pasado renacido, nunca sucedió así realmente, pero sí sucedieron cosas extraordinarias, y yo pude cambiar mi vida y ver muchas cosas cambiar.

Entonces un día reuní todas esas historias y las titulé "El Faro de Asaf", porque me gustan mucho los faros y porque Asaf era un hombre de la Biblia que estaba triste y se sentía desalentado. Ese nombre bíblico se me había quedado grabado cuando una noche uno de los jóvenes de mi iglesia vino a visitarme en compañía de otros. Él quería alentarme espiritualmente y usó una ilustración basada en Asaf. Yo visitaba y hacía reportajes de faros de Cuba por pura afición, y como los faros generalmente son asociados a la guía de Jesús para nosotros, así fue que decidí usar esa alegoría

Cada año, al llegar los terribles y amenazantes huracanes del Caribe, pierdo el sueño y la alegría, temiendo que los fuertes vientos arrancarán los árboles que mi padre plantó hace casi cuarenta años; alguno que otro ya han arrancado, pero todavía quedan algunos y es uno de los mejores recuerdos que tengo de él. Muchas veces estuvimos mi madre y yo orando junto a la puerta, mientras el viento soplaba irresistible fuera. Cuando pienso en algo así, también imagino que nuestra fe puede ser tomada como árboles que se cuidan por otras personas, también se plantan nuevos, como motivos renovados y buenas acciones e ideales que alimentar, semillas guardadas de esos viejos árboles derribados. Imaginar siempre un nuevo camino para rescatar la fe del medio del dolor que existe en derredor.

Su amigo escritor, Roberto Ornan Roche.

JESÚS

No hay nada más triste que ignorar lo más bueno y hermoso que existe y existirá. Por eso Jesús reina en mi corazón y siempre, aunque indigno yo, tengo un amigo incondicional que me perdona mis iniquidades.

En los momentos más tristes, cuando las lágrimas ya asoman, Él me recuerda que nunca estaré solo y que puedo agarrarme fuerte a su hombro. Su palabra es un manantial que siempre existirá y un pergamino que nunca envejece.

Él es quien se ríe y llora conmigo, es quien da saltos de júbilo en los momentos más felices de mi vida y quien hace que mis pequeños avances en la vida sean noticia dónde está el Padre. Siempre joven de corazón y presto a ser mi escudo, el rostro que aparece en la multitud y en lugares solitarios y oscuros, quien me recoge del suelo cuando no quiero ni levantarme. Él es un abrazo tan preciado que me sana el corazón.

Aunque me sienta desesperado y perdido, Jesús me está levantando constantemente, Él se acuerda de mi cada momento. Para Él siempre somos el mérito mayor, su atención principal, Jesús es quien nos da valor y dibuja una sonrisa en nuestros labios cuando no hacemos más que sentir dolor. Yo sé que por muy dura que sea mi vida nunca veré su espalda, su dedo señalándome, en cambio, veré sus manos abiertas ofreciéndome consuelo y paz.

Es triste no conformarse con Jesús, su abrazo de sentimiento indecible y su voz llena de esperanza, es capaz de iluminar cada corazón por difícil que parezca la obra. Ese es Jesús, quien toca cada día los corazones y calma nuestra sed.

Nunca aburro a Jesús con mi tristeza y mis errores, porque él vive para levantarme el ánimo, perdonarme y decirme lo que necesito escuchar. Cuando Él me quita la sed yo siento que también cura mis heridas. Su palabra es perfecta, porque cuando Él me habla todo vale la pena.

Esa es la sonrisa que quiero imaginar toda mi vida, la persona que quiero sentir tocando a mi puerta, quiero que sea la visita que se ve bajando por el camino de nuestra casa. Yo sé que una vez murió por mí, y vivirá la eternidad para darle continuidad a mi vida.

Y hay muchas cosas más que decir, pero sólo me basta mencionar: Jesús.

EL ABRAZO DE DAVID

Regresando a mi "mundo", esta mañana de domingo abracé la Biblia en mi cuarto; la levanté con mis brazos, mientras oraba y mi corazón gemía de arrepentimiento y desolación. Hacía un tiempo demasiado significativo que ni siquiera la tocaba.

Ahora, las pulsaciones de mi corazón y mi tristeza me dicen que necesito un abrazo, un abrazo de hijo pródigo, de ángeles que cuidan a sus hijos, quizás el abrazo redentor del Señor para David, después que hundido en el dolor de las consecuencias de su pecado, se humillaba y lloraba hasta lo sumo.

Yo quiero ese abrazo de consuelo que solo Dios puede darme. Necesito las aguas de reposo y los pastizales que predica mi pastor. Mi alma turbada y confundida, necesita el fin de mi dolor de años y la luz que añora mi vida no es la de un hogar, ni siquiera la del sol, es la transparente y tranquila paz del Señor.

David está regresando al Señor, se está acordando de los tiempos de Goliat, de sus victorias y de sus grandes bendiciones del pasado. Pero esta vez ruega desde lo más profundo de su corazón la misericordia de ese Dios que lo hizo Rey y que lo bendijo cuando era un simple e insignificante pastor de ovejas.

Descubro lo importante que es la humildad en las cosas del Señor cuando un sufrido preso, que es cristiano, me llena de esperanzas en sus cartas, pero cientos de personas a mí alrededor no lo pueden ni quieren hacer.

El Señor es bueno, Él se acuerda de un David lleno de errores y de dolor. Aunque las consecuencias del pecado son una sombra en su frente, lo pone en lo alto nuevamente y le sana el corazón.

Dios, acuérdate de cuando vencimos a Goliat, de cuando pastábamos ovejas o tirábamos en vano las redes y tú nos escogiste.

No te acuerdes de nuestras iniquidades ni de nuestras transgresiones, échalas en el fondo de la mar. No permitas que nos hundamos en el agua cuando caminamos hacia ti y sácanos del camino perverso para que no te neguemos nunca más.

Si estamos llenos de rebeliones, como tu pueblo en el desierto, ten misericordia de nosotros para aceptar nuestro grave error y confesar nuestro pecado; queremos aprender la lección del alfarero, porque sólo tus manos pueden rectificar y manifestar nuestros destinos.

No importa que tengamos el lloro de Pedro ni la aflicción de Pablo, danos la bendición que le sembraste postreramente en sus corazones; danos el abrazo que le diste a David cuando se humilló ante ti, para sanados nuestros corazones, poder entregarlo también a otros. Regálanos el milagro de ser tocados por tu mano, nuevamente.

"Oh Jehová, tú me has examinado y conocido. Tú has conocido mi sentarme y mi levantarme; Has entendido desde lejos mis pensamientos. Has escudriñado mi andar y mi reposo, Y todos mis caminos te son conocidos.

Pues aún no está la palabra en mi lengua, Y he aquí, oh Jehová, tú la sabes toda. Detrás y delante me rodeaste, Y sobre mí pusiste tu mano.

Tal conocimiento es demasiado maravilloso para mí; Alto es, no lo puedo comprender".

Salmo 139:1-6

CENANDO CON EL SEÑOR

Muchas noches he vagado por las calles buscando alguien con quien conversar, algunas noches son oscuras y cae una llovizna que humedece mis ropas. En ocasiones los cristianos que siempre me han alentado y aconsejado ya se han ido a la cama, sus casas están oscuras y silenciosas; entonces, sin molestarlos y un poco triste, sigo mi camino y me voy a la mía, intento entonces mediante la oración tener un encuentro con el Señor.
Imagino que es una noche de sorpresas, yo estoy cenando con el Señor. No hay inhibiciones ni protocolos, el Señor está frente a mí y a pesar de que siento su presencia y su persona tan familiar y acostumbrada, me lleno de un grande gozo que no había sentido antes. Ni siquiera tengo deseos de quejarme por algo, simplemente siento que Él está presente en mi vida, y es el mayor y único milagro que necesito en ese momento.
Un día feliz no es común, es como un claro en el cielo en medio de una tormenta, es como un oasis en un desierto. La Biblia no hace mucho honor a la palabra felicidad, ni siquiera feliz. Es fácil notar que por increíble que parezca a muchos, hay cosas más importantes y duraderas, que tienen que ver

con el gozo y las experiencias de obediencia y adoración al Señor.

Yo quisiera mi día feliz lleno de acontecimientos humanos, vivir todas las etapas de la vida que me dicen que estoy vivo, sentirme realizado y que todo marche bien en sentido general. Pero, a través de todas mis experiencias, me doy cuenta que Dios tiene un mejor concepto y planes acerca de mi felicidad, que se demuestran en expresiones de su amor y tienen otro significado e influencia en mi propio corazón. Aunque todavía esas experiencias humanas son importantes para mí y las espero con fe, trato de encontrar la felicidad en otros motivos, junto a mis hermanos, tratando de descubrir todo lo que encierra ser un siervo del Señor.

También trato de no centrarme en mi mismo, intento descubrir lo que daría gozo a otros; de brindar aquello que a veces ya ni significa para mí pero que llena a otro corazón de regocijo; porque una moneda alcanza un valor mayor en la mano necesitada y en el corazón agradecido, aunque para la mayoría no sea más que la misma moneda.

Cada día de nuestra vida cristiana es un día feliz, no importa que nos sintamos tristes y rodeados de pruebas y circunstancias adversas. Estamos tranquilos, sólo porque Dios está en nosotros y tenemos la promesa de vida eterna en nuestro corazón, el cual anhela todos los beneficios de la fe. Entonces estamos dispuestos a dar una palabra de aliento a alguien, oramos por nuestro hermano, aunque nosotros mismos estemos pasando pruebas y necesidades peores. Atendemos a los hermanos que están fríos y decaídos porque ellos nos levantarán a nosotros en el futuro.

Recientemente tuve una de esas noches oscuras en que necesitaba hablar con algún hermano acerca de mis problemas, sólo que cuando iba de regreso a casa y sintiéndome frustrado, encontré a un misionero amigo debajo de un portal. Caía una lluvia propia del verano, no había electricidad y él esperaba pacientemente un transporte para regresar a su hogar en otro pueblo.

Me fue de una bendición inmensa detenerme y hablar con él acerca de mis pruebas, compartir nuestros pensamientos de las experiencias de una vida cristiana y las cosas que a Dios le place ver en sus hijos. Me sentía como si estuviese esa noche cenando con el Señor; pero mucho más hermoso y significativo fue imaginar, sentir y estar seguro que el Señor lo preparó todo para mí. Ese fue simplemente un día feliz en mi vida y ya no estaba triste.

Y tuve por más feliz que unos y otros al que no ha sido aún.
Eclesiastés 4:3

Entonces Jesús le dijo: Un hombre hizo una gran cena, y convidó a muchos. Y a la hora de la cena envió a su siervo a decir a los convidados: Venid, que ya todo está preparado. Y todos a una comenzaron a excusarse. El primero dijo: He comprado una hacienda, y necesito ir a verla; te ruego que me excuses. Otro dijo: He comprado cinco yuntas de bueyes, y voy a probarlos; te ruego que me excuses. Y otro dijo: Acabo de casarme, y por tanto no puedo ir. Vuelto el siervo, hizo saber estas cosas a su señor. Entonces enojado el padre de familia, dijo a su siervo: Ve pronto por las plazas y las calles de la ciudad, y trae acá a los pobres, los mancos, los cojos y los ciegos. Y dijo el siervo: Señor, se ha hecho como mandaste, y aún hay lugar. Dijo el señor al siervo: Ve por los caminos y por los vallados, y fuérzalos a entrar, para que se llene mi casa. Porque os digo que ninguno de aquellos hombres que fueron convidados, gustará mi cena.
Lucas 14:16-24

LA HISTORIA PERFECTA

Querían la historia "perfecta", sin milagros y sin iglesias, para que el pecado no pareciera tan malo ni los cristianos tan buenos; donde el sufrido, el abandonado y el mediocre no contaran. Una historia para darle significado a la vanidad del mundo y para abrir las puertas a todas las experiencias por igual.

Querían que se entendiera bien el por qué lo malo cubre y supera con facilidad a lo bueno; por qué el hombre que ha abandonado a su esposa apenas se acuerda de su cariño, de sus tiernos cuidados y su amor sin medidas; y mientras ella piensa que está presente en su mente, para él sólo es un vago e incómodo recuerdo que nunca aparece en los momentos más meritorios del día.

Querían una historia llena de paz y armonía, con un Dios que no cumple todas sus promesas y muchos niños que dicen no creer en Él; pero con hombres capaces, que están dispuestos a sustituirle con sus canciones.

Pretendían una historia de largos caminos sin sombras, todos hechos con manos de hombre y con la sangre de otros. Pisar el césped sin notar las mariposas muertas; que la fruta prohibida fuese un trofeo y el manto de iniquidad que llevan los seres humanos fuese semejante a su propia libertad.

Imaginaban una historia donde los pecadores y sus blasfemias fuesen aplaudidos y aceptados plenamente, porque siempre hay derechos nuevos que concebir. Una historia de vivencias nuevas, sin hijos pródigos, para nunca perdonar el pasado y seguir un nuevo camino sin mirar atrás. Donde los errores no pesaran y fuesen tomados por experiencias vividas.

Querían una historia sin lágrimas ni dolor, sin cáncer, sin espinas y sin ángeles.

Querían una historia sin mí, sin mis hermanos, sin el quebranto y la redención, también sin un Cielo.

Querían una historia "perfecta", sin Salmos, una eternidad sin Dios, pero sólo tenían la historia de un Salvador que murió en la cruz del Calvario y esa historia realmente no les gustaba mucho.

LOS BORRADORES DE SANSÓN

"...y le ataron con cadenas para que moliese en la cárcel."
Jueces 16:21b

Sansón tenía un borrador en su vida que no se había terminado de escribir. Ahora trabajaba muy fuerte en el molino dentro de su celda y su vida estaba estancada producto del pecado. Su duro castigo, dando vueltas una y otra vez, denotaba el daño profundo que puede causar el desobedecer a Dios, creando un círculo vicioso **"pecado... consecuencia"**.
Sansón resistió a Satanás durante mucho tiempo, pero después de faltar a varios de los más importantes votos como nazareo, incumpliendo la voluntad de Dios, y de ser engañado por sus enemigos, ahora era su juguete para con los filisteos. Una larga conspiración y un simple engaño de una mujer le habían convertido en un Sansón derrotado y rebajado en todos los aspectos de su personalidad. Todos sus retos anteriores le habían reportado sendas victorias pero su existencia parecía malograrse totalmente.

Sansón no está lejano de nuestras vidas, Dios quiere que aprendamos de él.

Muchas veces Satanás convierte en trapos a las personas y pasan a ser juguetes del mundo. Entonces los buenos propósitos se convierten en borradores inconclusos. Las lágrimas no alcanzan para expresar la derrota y la humillación. Las manos están llenas con todos esos borradores y sólo se puede clamar a Dios por la restauración verdadera y genuina de una vida en ruinas.

Repetidamente usamos el tintero y nuestros dedos tienen muchos vestigios de tinta, pero nada llega a ser oficial; no lo mostramos a la gente o los propósitos se quedan sobre la mesa; entonces tenemos que reencaminar nuestros pasos y meditar acerca de nosotros mismos.

Quizás tengamos muchas ideas y cargas que queremos revertir en beneficio del testimonio y comunión de nuestros hermanos. O nuestra vida necesita un milagro que alejamos cada día con nuestros hechos y desmanes.

Busquemos pues la voluntad de Dios. Sansón lo logró ciego y angustiado. Después de ser humillado y sentirse perdido, pidió otra oportunidad, recobró el propósito inicial de su vida y quedó para siempre reflejado en la Palabra de Dios. Había resuelto convertir su último borrador en un final memorable.

Si eres un hombre o mujer destruido por una gran circunstancia o eres un cristiano o cristiana que tiene un borrador inconcluso, puedes pedir el poder del Espíritu Santo para sacar tu vida del atolladero.

No te fijes tanto en los días de gloria de Sansón, cuando cargó las pesadas puertas de la ciudad o tomaba fácil venganza de los filisteos; mira más bien cuando daba vueltas a la pesada rueda, rebajado a cenizas, mientras Dios lo preparaba para recuperar su dignidad ante Él.

Su último borrador ya estaba terminado.

Porque cuando es muy grande el sufrir, es cuando más se necesita seguir la voluntad de Dios. Es difícil lograrlo, pero todo lo que es agradable a Dios puede alcanzarse.

"Entonces clamó Sansón a Jehová, y dijo: Señor Jehová, acuérdate ahora de mí, y fortaléceme, te ruego, solamente esta vez, oh Dios..."
Jueces 16:28

ARENA EN MIS OJOS

Buscando una forma libre, cómoda y fácil de ser cristiano, alguien decidió creer a su modo, según los accidentes y motivos diarios de su vida. Simplemente oraría de vez en cuando, en medio de los problemas y necesidades, y leería quizá la Biblia, cuando sintiese verdadero gusto en hacerlo. Esta persona creería en Dios como todos los demás pero permaneciendo libre, decía: "de deberes e inútiles formalismos y compromisos". No debería ser pues "un entendido de la fe cristiana", sino, "un hombre correcto, de buen espíritu y voluntad".
Muy pronto encontró este hombre el camino y se sintió conforme con él; porque pensó que fuese cual fuese, Dios le estaría esperando al final de este. Así echó de menos su Iglesia, aquella que no visitaría más.
 Del mismo modo, como no podía aceptar absolutamente nada que le sacase de su nuevo rumbo, impidió en su pensamiento toda duda al respecto, haciéndose rápidamente de oídos sordos a todos y a todo lo que atentase o variase sus nuevas decisiones.
Este ser se vio entonces obligado a huir y evitar la compañía y palabra del hermano de fe, porque siempre habría quien,

teniendo bien en su corazón, le mostrase con amor la verdad.

Todos los días se proponía cambiar y ser un hombre de extraordinario existir; pero su fe independiente únicamente estableció para sí una lastimera y torcida iglesia de un solo hombre; y tan desprovista, apartada y oscura, que decir alguna vez "estoy ahora con Dios", sólo podía ser posible mediante su persistente y equivocada testarudez.

Cada día soñaba metas espirituales, pero una sensación de desesperanza y angustia persistía día y noche, a toda hora y hasta en sueños; para no poder sentir jamás aquel gozo que abandonó y hasta olvidó.

Su nueva Iglesia parecía estar en medio de un insano desierto. Y él allí, a expensas de vivir un día de calor asfixiante, o la más fría e insoportable noche; rodeado de muros semidestruidos y extraños y absurdos objetos. Y siempre en sus ojos la arena, que las incesantes tormentas diseminaban en el aire.

Después de vagar así por largo tiempo su realidad fue cada vez más y más penosa; porque ya para él no existía ni gozo, amor, paz, fe o esperanza alguna, sino todo lo que nunca pidió para sí. ¿Y qué representaba creer, si también los demonios estaban muy seguros de la existencia del Dios, que intentaban enfrentar cada día dentro del hombre?

No soportando esto, aceptó aquel ser la soledad y la tristeza, como un irremediable sufrir; para permanecer en adelante sin fe ni valor alguno ante la vida. Y la incertidumbre a sus pies, por la cual algún día habría quizás de retornar sobre el camino abandonado, justo donde se detuvo, en aquel último paso.

¿Qué Iglesia es ésta donde nadie puede permanecer, porque habrá arena en sus ojos?

Pienso también en los hermanos, que buscando motivos raros e impropios para una verdadera Iglesia, no aceptan la fe tal como es, hasta poder ser tan adversos y agregar lo que no puede ser bueno.

Todos y cada uno de ellos, en su errado camino, pueden vivir su propia e insoportable Iglesia; aunque esta se llama "Iglesia" y estén rodeados de muchos que piensen lo mismo. Clamo por estos hermanos de impuras, complejas y extrañas creencias; y ruego a Dios para que vengan donde la verdadera Iglesia, y no haya nunca más arena en su ojos. En mis ojos.

UN MAR ROJO PARA TODA LA VIDA

Existe un Mar Rojo que dura toda la vida. Es un largo trayecto y algunos lo llaman **"vida de cristianos"**. El mundo lo considera una pesada cruz, muy difícil de llevar.
Moisés no está presente físicamente, tampoco se ven muchos en derredor; pero el Señor es la guía paciente y constante. Él es quién da esas fuerzas que se manifiestan a través de la restauración y el nuevo camino, cuando ya todo esfuerzo de hombre está terminado.
Aparentemente no hay caballos veloces que persiguen, ni carros cargados de soldados del Faraón. Por momentos nada parece valer la pena, pero constantemente se está pensando en un milagro.
Es visible cómo Satanás lo tiene todo preparado para destruir los corazones; que su agenda no tiene espacios en blanco ni citas canceladas; y que aunque algunos ya no escuchan los gritos enérgicos, que salen de las gargantas de las huestes de hombres, hay un canto de esperanza que llega cuando se está en el momento más difícil y apremiante de la vida.
Hay un Mar Rojo para toda la vida. Cuando atravesamos esas pruebas terribles y difíciles, que parecen injustas y humillantes; que son como pesadillas que no se acaban y que

toman fuerzas contra el corazón cuando más se necesita una solución.

Es por eso, que aun si le damos la espalda a Dios, Él no abandona su cuidado sobre nosotros y Su mano separa las aguas en medio del dolor más intenso e incomprensible.

Él muestra que si todo está oscuro e incierto, es porque estamos pasando por un túnel; que después habrá propósitos cumplidos y que es hermosa y sanadora la luz que aguarda al final de la prueba, pues ya la meta está preparada de antemano.

El Señor sabe que algún día se renace de las cenizas y será descubierto el nuevo horizonte que siempre ha estado esperando.

La vida del cristiano es difícil y preciada. No son pocas las lágrimas y el dolor, los momentos que inspiran dudas y llevan al desaliento más atroz.

Es por eso que hay un Mar Rojo para que lo atravesemos durante toda la vida. Un Mar Rojo que no sumerge a los corazones, sino que los lleva por tierra seca a la presencia del Señor.

"Entonces cantó Moisés y los hijos de Israel este cántico a Jehová, y dijeron: Cantaré yo a Jehová, porque se ha magnificado grandemente; Ha echado en el mar al caballo y al jinete. Jehová es mi fortaleza y mi cántico, Y ha sido mi salvación. Este es mi Dios, y lo alabaré; Dios de mi padre, y lo enalteceré. Jehová es varón de guerra; Jehová es su nombre".
Éxodo 15:1

SIMPLEMENTE LO MEJOR

Dios, tú sabes cómo tratar conmigo y me entiendes, tú eres mi Padre que trazas mi vida y me regalas la misericordia que me hace vivir un día más. El enemigo pone trampas en mi camino, pero tu senda luminosa me guía a salvo a través de todas ellas.
Tú presencia y amor es luz de todo ángulo, porque en ti no hay sombras, únicamente recibo aquello bueno y sanador que me lleva a ti. Cada noche al acostarme mi corazón tiene un milagro y el nuevo amanecer me dice que tú nunca me abandonas.
Señor, yo aprecio mucho tu guía, porque cuando no veo futuro en mi vida ni me siento motivado hacia el mañana, tú pones el águila en el cielo para que yo mire lejos y sienta renovarse mi ser.
Yo te agradezco además, porque tú pusiste tu Espíritu dentro de mí, que me hace sentir la pureza que está en lo que verdaderamente es puro.
Padre, el enemigo no quiere que yo confíe, quiere que yo sienta que nada vale la pena y nada es verdadero, pero tú tienes una excepción para todo y reservas una peña en mi camino para que calme mi sed; tienes un arco iris que me

recuerda tus promesas y una cuidadosa provisión que como paloma del cielo cambia mi estado de ánimo.

Eres la mano fuerte que me toma en el aire cuando voy cayendo y tus palabras son la mejor inspiración que he escuchado jamás. El motivo principal para darte gracias, simplemente es vivir lo bueno o adverso cada día de mi vida y ver tu voluntad detrás de todas las cosas.

Y si se terminan todos mis planes para cambiar mi vida y si ya no veo señales, tú simplemente me haces pensar en ti y volver a comenzar de nuevo.

"Tú eres mi refugio; me guardarás de la angustia; Con cánticos de liberación me rodearás. Te haré entender, y te enseñaré el camino en que debes andar; Sobre ti fijaré mis ojos."
Salmos 32:7-8

EL SECRETO DE LA AMISTAD

(El siguiente texto está basado en la eterna esencia de la amistad)

Cierta vez un joven quiso hacer una broma pesada y algo absurda. Quería que su mejor amigo guardase cierto tiempo algo que no tuviera ninguna importancia, pensando que era algo enormemente valioso. Quizás así también podría poner a prueba su curiosidad y fidelidad, pues dudaba de muchos valores humanos.
Tomó un pequeño cofre de cedro y situó dentro una nota burlona. Algunas pequeñas piezas de metal y madera sirvieron para darle cierto peso y un enigmático sonido interior. Para no hacer muy difícil la obra de la curiosidad en lugar de un candado, aunque firmemente, lo ató con una cuerda. Cualquier descubrimiento lo notaría enseguida en el rostro de su amigo, a quien conocía desde que tenía uso de razón.
Haciendo honores al buen teatro, una tarde de otoño le entregó el enmarañado cofre a su amigo, guardando la burla para un día cercano. El jovencito que recibió la encomienda, sujetó el cofre con mucho cuidado y se fue caminando a

través del parque. Pero por todos los avatares de la vida que devendría, guardó el cofre durante muchos años.

El pequeño cofre viajó por tres continentes, estuvo en campos de batalla, inundaciones, grandes nevadas y los momentos más tristes o felices que puede tener un ser humano. Este hombre llegó a perder la mitad de su familia, y todas sus pertenencias más de una vez, pero este era el objeto más importante de su vida y lo cuidaba con el mayor celo.

Pasaron tantos años que el otro hombre llegó a olvidar la broma y con ella el cofre. Los dos envejecieron y el cofre continuaba en buenas manos, pero debía ser devuelto a su propietario original. Así que el anciano, enfermo y moribundo, hizo llamar a la persona cercana en quien más confiaba, su hijo mayor, y le hizo jurar por su propia vida que cumpliría con la misión de retornar el cofre a su mejor amigo.

Al morir el anciano, el joven hizo un largo viaje y llegó a encontrar al propietario original del pequeño cofre. El anciano, que caminaba frente a un viejo edificio se había sorprendido grandemente al ver al joven con el cofre en sus manos y enseguida recordó con gran pesar la broma.

Junto al cofre le sería entregada la siguiente nota:

"Mi buen amigo, celosamente he dejado este cofre al cuidado de mi hijo. Aunque ha estado conmigo toda una vida nunca ha sido una carga para mí. Ya no puedo cuidarlo más, pero créeme que ha sido un honor servirte y que hayas confiado en mí. Por increíble que parezca, muchas veces conservar tu preciado secreto le dio sentido a mi vida, me permitió mirar al mañana con esperanza y me hizo sentir importante. Pues ¿qué es más grande para dar valor, que un amigo que confía en otro amigo? Gracias por ser mi mejor amigo."

El joven portador de la encomienda, sintiendo una profunda aprehensión, no pudo resistirse a sus sentimientos y le preguntó al anciano: *"¿Qué gran secreto merecía que mi padre lo protegiera con su vida y lo llevara consigo a través de todas sus tribulaciones y desventuras?"*

El anciano con voz entrecortada por la emoción sólo atinó a contestar: "el secreto de la amistad, eso vale mucho."
Entonces el desconcertado anciano, dio la espalda al joven y se fue llorando por la calle, mientras abrazaba el pequeño cofre como si el objeto fuese a desaparecer de un momento a otro. Y guardó el cofre hasta el día de su muerte… sin abrirlo.

El que cubre la falta busca amistad; Mas el que la divulga, aparta al amigo.
Proverbios 17:9
En todo tiempo ama el amigo, Y es como un hermano en tiempo de angustia.
Proverbios 17:17
El hombre que tiene amigos ha de mostrarse amigo; Y amigo hay más unido que un hermano.
Proverbios 18:24

EL MILAGRO DEL TIEMPO

Se pasea por la vida abriendo todas las puertas que antes ni podía encontrar. Hoy piensa en el milagro que, por la mano de Dios, puede traer el tiempo; en la diferencia de aquellos años que pasó clamando por algo así. Quería algo urgente para su vida, sin embargo, sólo se necesitó un poco de tiempo.

Ve a sus hijos jugar en el mismo lugar donde pasaba horas tristes, pensando en las cosas que no tenía. Visita el mismo hospital donde perdió a sus seres queridos, sólo que a llenar de esperanza a otros que ni conoce bien. Le da la mano y pide perdón a las personas que ofendió o hirió alguna vez. Algunos ni se acuerdan, pero se siente liberado.

Cuando ve sus grandes bendiciones actuales, siente que todas provienen de las tristezas de los años de su juventud. Dios las usó para que las ganancias y beneficios fueron mayores y viera su vida toda, como una obra de unas manos sabias.

Las cosas que sucedieron, cuando trataba de buscar una salida, a veces ni siquiera con tanto interés y voluntad propia, fueron la puerta de entrada a todos los acontecimientos felices. Ya no hay lágrimas en esos lugares del pasado, ni pensamientos llenos de pesar. Se percata que, aunque está lleno de recuerdos, todos han tomado un lugar en armonía con el presente y su vida.

Las cosas buenas que con más interés quiso aprender, eran las menos importantes y todo aquello que la gente no quería ni saber, ahora es el centro de su vida y su mayor bendición.

Se regocija en ver a otras personas jóvenes cuando tratan de buscar una solución para sus problemas y van dándose cuenta de lo mismo que él. La tristeza parece que los ahoga y se sienten tan impacientes y a veces aparentemente desprovistos, que una vez más siente que van por el camino correcto... como él... por difícil que parezca.

Ahora tiene paciencia para ver los barcos moverse lentamente, en lugar de andar por las calles buscando algo que ni sabía. No se pierde ninguna bendición porque ha aprendido que hay que esperarlas en el lugar correcto... en el puerto de la vida... de la mano de Dios.

Sus hijos y amistades aprenden de él, porque es un libro abierto. Ya se siente preparado para encontrarse con su Dios. Sólo hizo falta la fe y el milagro del tiempo.

LA ÚLTIMA OVEJA

Todos tienen a alguien que humanamente parece nunca ha de redimirse o restaurarse, y a quien el quebranto supuestamente no alcanzaría. Una última oveja, que hace que el gozo no sea completo, lo cual despierta un fuerte sentimiento y carga en el corazón.

Vivimos una iglesia que se goza en la presencia del Espíritu. Por la mano cuidadosa de Dios y la sangre de Jesucristo vemos a las almas restaurarse. El avivamiento trae aquellos hermanos que estaban apartados y fríos, de un lugar donde el clamor no parece ser escuchado.

Nuestro corazón se conmueve solo de ver uno de esos rostros que estaban ausentes, porque alguna vez nosotros también lo estuvimos. Cada hermano siente gran aprehensión por una oveja que ha regresado al redil; puede que sea un familiar, un amigo o un desconocido, lo cierto es que ya es contado como un hecho y una bendición.

Cuando vemos la restauración de alguien, pensamos también en otros que la necesitan; y como siempre nos acordamos de ellos, sentimos que existe una oveja que no parece regresar.

¿Qué traerá de vuelta a ese hermano? ¿Será la oración que día a día está en nuestro pensamiento y boca? ¿Será la fe que siempre es la luz al final del día? ¿Quizás la perseverancia?

¿Será el quebranto por algún acontecimiento en su vida? ¿Una última palabra o frase que nunca le hemos dicho?, pero tengamos muy presente que no hay ninguna oveja perdida por completo y Dios las tiene presentes a todas.

Siempre existirá una última oveja, por la cual cada día nos paramos a la puerta y miramos hasta donde la vista nos alcanza. Imaginamos que llega y se sienta cuando ya no la esperábamos.

Pensamos que todavía están muy lejos y nunca llegarán al redil nuestros hermanos y seres queridos, pero puede que por las lágrimas en nuestros ojos no veamos que ya vienen en camino. Guardemos siempre un puesto para ellos, porque la respuesta a nuestro anhelo será un ejemplo del poder de Dios.

Una última oveja, que al estar ausente, nos quita la paciencia y el sueño; pero que al regresar, nuestras manos se elevan agradeciendo y nuestros labios expresan: "Jesús, si para nosotros hay una 'última oveja' para ti también y tú nunca la olvidaste"

¿Quién ha de esperar a la última oveja, sino aquel que más la quiere? Acompañemos pues a Jesús, quien siempre aguarda por sus ovejas, incluso, la que no parece llegar.

"Yo soy el buen pastor; el buen pastor su vida da por las ovejas"
Juan 10:11

LOS TRENES DE LA VIDA

Regresando a casa en un día triste para mí, tomé el tren que me llevaría. Poco después de partir y acomodarme finalmente en un asiento, noté que por la línea paralela a mi izquierda nos alcanzaba otro tren de pasajeros vacío. Iba más rápido que el nuestro, la locomotora parecía mucho más potente y lo comparaba con la dureza de la vida. No podía ser de otro modo, era una máquina superior e iba con un paso indetenible. Me sentía muy mal frente a los corazones que no puedes alcanzar ni cambiar, aunque des tu vida por ello, porque es demasiado tarde ya.
Por un momento los dos trenes comenzaron a aproximarse por las formas que tenían los rieles, podía verse perfectamente el interior de los coches paralelos; entonces pensé "este es el momento que estos dos trenes van a estar más cerca, no va a pasar mucho tiempo y comenzarán a alejarse nuevamente; es como en la vida, uno debe ver el momento y disfrutarlo antes que se pierda para siempre" Así resultó, poco segundos después los trenes comenzaron a alejarse uno de otro.
Era la representación de la dureza del problema que estaba yo pasando. Aquella locomotora parecía insuperable y la nuestra era "menos cosa". También había pasado el mejor

momento, cuando los dos trenes iban muy cerca. Me mostraba la realidad fría y dura de nuestra existencia, triste en el pensamiento y dolorosa cuando sucede.

Pero cuando todavía pensaba eso, la forma de la línea volvió a cambiar y los dos trenes comenzaron a acercarse nuevamente, quizás no a la medida de la primera vez pero volvió a suceder, y no sólo eso, sino que nuestra máquina aumentó considerablemente su velocidad y la otra aminoró. Nuestro avance fue emocionante para mí y quizás en otro día o para otra persona no tendría ninguna importancia, sería algo trivial, pero pensaba en ese día y fue muy importante vivir esa escena.

En aquel instante pensé: "Dios, en realidad no sabemos prácticamente nada. Sólo tú sabes cómo ha de ser nuestra vida, nuestro propio destino, forjado por los accidentes de la vida y las encrucijadas de dolor como la que yo siento, en las cuales debemos comenzar de cero, en nuestro camino hacia ti y nuestro tránsito por la existencia."

"Muchas son las veces que creemos que estamos perdidos, y no lo estamos; las circunstancias que creemos no podemos, y nos alcanzan las fuerzas; los dilemas en los que pensamos afanosamente, y ya sabíamos la respuesta. Sólo nos debía bastar que Tú estés a cargo de las cosas, que Tú eres perfecto y que Tú nos amas como nosotros no podemos siquiera expresar en una mínima parte."

"Gracias por los trenes de la vida, porque cuando parece que nos quedamos atrás, que pasó nuestro momento, en realidad estamos entrando en él y con el mejor paso, como Tú deseas. Amén"

EL FARO DE ASAF

Su camino es como el susurro de un anciano. Intenta llenarlo de promesas, para que al levantarse cada mañana existan pensamientos positivos acerca de sus 36 años. A veces Satanás quiere que piense negativamente, para que sienta que está viviendo las mismas cosas, que está malviviendo o caminando en círculos. Pero, aunque un poco desconcertado, sabe que cuando se está en Cristo no hay camino si un principio y sin un destino.

Cuando camina y ve la vorágine de la vida; cuando convive con todas esas vidas aparentemente realizadas y sofisticadas que parecen triunfar sin tener a Dios en cuenta, se acuerda del Salmo 73 de Asaf y de cómo los hombres parecen vivir exitosamente sin el Señor. Pero de cómo luego todo cambia y se ven los daños, como achaques de ancianos y cosa demasiado antigua que ya fue anunciada.

A veces siente que los errores de su vida son un peso difícil de olvidar. Algunos parecen repetirse con el tiempo y le traen viejas memorias de una triste condición del pasado. Aunque esta vieja condición ya no es el centro de su vida, es una espina en su carne que trata de aliviar. Lo más importante es que Dios le dice en cada motivo y respuesta, que ya todo está olvidado y que ha dado borrón y cuenta nueva.

Su camino lleva a un viejo faro en la costa y a las puertas de la iglesia, porque en medio de sus lágrimas y recuerdos, se esfuerza porque su vida sea una guía a otros. Y aunque a veces teme que su luz no llega a ninguna parte, la Palabra de Dios le dice que no hay justo, ni aun uno, por lo que no hay razones para despreciarse a sí mismo como ha venido haciendo.

Se siente esperanzado cuando alguien es dichoso por su amistad y por su persona; se sabe premiado por el Señor si recibe la bendición que viene por la preocupación de otro ser humano. Se da cuenta de que Dios le premia, aun cuando ya no cree en muchas cosas y se cree a si mismo olvidado y derrotado.

Cuando ve los destellos de luz del viejo faro, intenta resolver algunas cosas más complejas y difíciles, pero cuando está fatigado y triste, las pone en las manos de Dios porque su peso es grande y el buen desenlace que necesita sólo será posible por un milagro.

Y si hay una feliz coincidencia en su vida, algo inexplicable, le pregunta a Dios las razones. Algunas respuestas y cambios parecen retardados y sólo la paciencia que proviene de Él puede hacerle aguardar confiado.

Quiere ser por siempre un cristiano fiel y aunque pareciera estar lejos, cada día está más cerca. Los sentimientos guardados en su pecho, hacen que cada momento se convierta en una postal de amor y esperanza. Estas van conformando sus memorias y también los únicos tesoros que posee.

En un día corriente y vestido de gris, le da gracias a Dios por mostrarle el por qué a veces los sufrimientos convierten a las personas en seres preparados para nacer de nuevo. Sabe que Dios le ama y ese amor nunca deja de ser. Sabe que ese amor siempre será real, como faro eterno. Y ve lo mismo que Asaf.

LA ÚNICA JUGADA

Durante mis años de Secundaria me volví a interesar en el ajedrez, el cual sabía jugar desde los 8 años. Todavía sin la preparación necesaria participé en un match. Tenía gran emoción porque era un "jugador de ajedrez".

No obstante mi ilusión no pude disfrutar mi primera competencia de ajedrez. Mi adversario me había sorprendido con una jugada clásica que todo ajedrecista conoce, "jaque mate pastor". Mi match solo había durado unos escasos minutos.

Miraba a la cara del muchacho que jugaba conmigo, tenía una expresión de picardía. Estaba sonriendo porque me había derrotado con suma rapidez. Yo no podía concebir que me ganara de forma tan humillante.

Aquella noche me fui muy triste a tomar el ómnibus de regreso a casa. Pero poco tiempo después yo había aprendido todo acerca del "jaque mate pastor", también aprendí unas sencillas defensas para evitarlo instantáneamente. Mi contendiente no había perdonado mi inocencia pero de cierta forma me había convertido en un mejor ajedrecista.

Pensando en esta vivencia de mi adolescencia, me recuerdo muy especialmente de una frase que le dijo un pastor a mi madre en un momento muy difícil de su vida. Él le expresó: "Cuando Dios hace una jugada es porque no hay otra que pudiera hacer".

A través de los años he escuchado esta expresión de su boca muchas veces y agradezco porque también me la ha sembrado en el corazón en los momentos más tristes.

Profundizando un poco más, me conmueve que Dios no lo hace para humillarnos o "derrotarnos rápido", tampoco lo hace para demostrarnos que es superior a nosotros o que juega al azar. No puedo ni siquiera acercarme a pensar con cuanto amor en su omnisciencia y perfección tiene preparado cada detalle de nuestras vidas, cómo tiene atadas con delicadas cintas cada respuesta y solución a nuestros dilemas y problemas.

Es difícil aceptar las cosas cuando parecen ser la "única jugada". Pero no me puedo imaginar un ajedrecista que nos tenga tanta consideración y que a pesar de que no lo comprendamos, ganando Él, también ganamos nosotros. Una única jugada que está hecha con todo el amor. Así lo han comprendido mis seres queridos y también yo.

Siempre existirán momentos difíciles, pero Dios tiene todo preparado para que Su voluntad tenga un resultado positivo a corto o largo plazo. Él no hace nada sin sentido en su match simultáneo con miles de millones de personas. Y aunque siempre serán tristes algunas cosas que vienen de Su mano, no faltará en ellas todo su amor y sabiduría.

Dios jamás usa aquel triste "jaque mate pastor" que recibí en mi niñez. Simplemente son jugadas eternas que nos salvarán.

"Por tanto, amados míos, como siempre habéis obedecido, no como en mi presencia solamente, sino mucho más ahora en mi ausencia, ocupaos en vuestra salvación con temor y temblor, porque Dios es el que en vosotros produce así el querer como el hacer, por su buena voluntad".
Filipenses 2:12, 13.

EQUIPAJE ABANDONADO

Cada Terminal tiene un reglamento y una rutina específica para el equipaje perdido o abandonado, algunas veces el equipaje va a parar a lugares insospechados o en el mejor de los casos se le encuentra volviendo sobre los propios pasos. A veces simplemente el viajero no se interesa más por sus pertenencias. Espiritualmente, esto tiene muchas similitudes con nuestra vida moral y de fe.
Yo había pasado mucho tiempo observando una vieja maleta que estaba en uno de los asientos justo frente a mí. La gruesa maleta de cuero había pasado todo el tiempo en soledad y mucha gente trató de sentarse, pero al percatarse del equipaje dejaban libre el asiento. Evidentemente se trataba de una maleta olvidada o abandonada.
¡Cuántas ideas me pasaron por la cabeza! Imaginando los motivos, pensé en quien se rinde del buen propósito de su vida y huyendo deja todo atrás para perderse la oportunidad de llegar a la meta; también en aquel que olvidó su primer amor por el Señor, y ya en otro lugar con mucha preocupación, hace esfuerzos por recuperarlo.
Pero mi mejor y más agradable pensamiento espiritual, se remontó a alguien que finalmente hizo su viaje pero que antes y conscientemente dejó aquella pesada maleta, cargada

de cosas que una vez le ataron grandemente, pero que ahora de seguro le estorbaban y no valían ya más la pena; cosas que para el mundo pueden tener mucho valor, pero pueden malograr el alma de cualquier ser humano.

Al final tomé mi propio equipaje e hice mi viaje, pero durante todo el trayecto medité mucho en cada detalle, mucho más en la persona espiritual que en la maleta y en lo que pudo quedarse dentro de ella.

Me imaginaba el momento que tomó la decisión de dejar todas las cosas viejas detrás y no perder su viaje ni su verdadero camino. Pensé en lo bendecido que se debía sentir.

De modo que si alguno está en Cristo, nueva criatura es; las cosas viejas pasaron; he aquí todas son hechas nuevas.
2 de Corintios 5:17

"...sabiendo esto, que nuestro viejo hombre fue crucificado juntamente con él, para que el cuerpo del pecado sea destruido, a fin de que no sirvamos más al pecado."
Romanos 6:6

LA MONTAÑA

Una vez subí una montaña que a lo lejos no parecía tan alta. Al llegar a sus proximidades, lo que yo pensaba eran pequeños y dispersos arbustos y un pasto bajo que cubría sus laderas, en realidad era una maleza casi impenetrable, llena de obstáculos, riscos y espinas.
Ese día nuestro pequeño grupo fue tan obstinado que no sólo subimos la montaña sino que la bajamos por el otro lado, para después circundarla y volver al campamento. Han pasado muchos años, pero el recuerdo de nuestro batallar por subir hasta la cima de aquel monte me ayuda a pensar que puedo alcanzar esa otra meta que Dios nos depara.
Cuando trato de subir la montaña de la vida, mis lágrimas humedecen la tierra de sus laderas, comprendo que nuestro alto monte está bañado de muchas lágrimas; veo almas caídas, rodillas dobladas, hermanos rendidos, algunos que descansan de la fatiga y otros que ya no soportan la prueba. Entonces me acuerdo de las veces que yo no tuve fuerzas para seguir y les brindo mi mano y mi palabra de aliento para seguir adelante. Nunca se nos dijo que sería fácil, pero sí en Quién debíamos confiar.
Se dice que los imposibles se acaban cuando Dios y el hombre se enfrentan a una montaña. Ya no soy un jovencito

inmaduro ni me siento como un alpinista lleno de vida, la montaña parece mucho más alta y ya no pienso que existe toda una vida para lograr las metas, pero sí que algún día subiré la alta montaña de la vida eterna, tan alta y difícil como el monte más empinado, pero en cuya cima lloraré de alegría.

Todavía no he escalado la alta montaña, pero en el proceso he aprendido a ver los milagros que me rodean. La gente ni se da cuenta, pero yo los veo claramente, en los enfermos que encuentran la paz en sus corazones, en los que están tristes y brindan la verdad con sus manos, y hasta en mi propia vida.

Siempre será difícil mirar arriba y ver cuánto falta por subir, sentir lo duro y casi imposible del camino. A veces se van acabando las fuerzas, pero al pasar por la cima vamos a mirar la montaña con otros ojos y a sentir como una prueba vencida todo lo que dejamos atrás.

Una empinada montaña que nos dice a cada minuto que no es en vano nuestra fe, mientras nuestras lágrimas van cayendo sobre sus laderas y vamos dejando nuestra huella de fe, amor y esperanza en ella.

"...de cierto os digo, que si tuviereis fe como un grano de mostaza, diréis a este monte: Pásate de aquí allá, y se pasará; y nada os será imposible."
Mateo 17:20

MI LUGAR

Recientemente regresé a ayunar con mis hermanos en la iglesia. A pesar de que en mi larga vida cristiana sólo he tenido ayunos durante el transcurso del año actual, sentí que volvía a ser yo otra vez y que regresaba a casa. El rostro de los hermanos, junto a los cuales comparto un lugar en el grupo de ayuno y oración, se iluminó cuando me vieron reincorporarme.
Realmente yo me sentía un poco mal porque el pastor siempre proclamaba la firmeza y constancia de los miembros; pero en algún momento yo había decidido dejar de ayunar y creo que afecté esa consigna que tanto gozo le traía a su ministerio. Dejé de asistir a las reuniones del grupo los martes y a mi compromiso individual de los viernes.
Aunque él siempre él me dijo que aceptaría mi decisión como un retiro temporal, pero que mi lugar y tiempo siempre estarían disponibles, ahora me admiro como nunca llegó a desecharme y a criticarme como alguien irresponsable. Comprendí que realmente me amaba mucho y que era mi pastor y mi amigo.
Dios sabía que retornaría para continuar esperando por las respuestas que necesito. Porque si en algún momento interpreté las difíciles y tormentosas circunstancias que me

rodeaban como una decisión definitiva, me estaba equivocando. Él no había permitido que yo errara para humillarme, sino para percibir que su proceder nunca tiene fin, que su voluntad cruza desiertos y tormentas para hacer un camino y que yo debía seguir esperando.

Al día siguiente asistí al culto en la noche. Dirigía el devocional un adolescente que vi convertirse recientemente y que ha tenido un sorprendente crecimiento espiritual. Por obra del Espíritu Santo, él estaba muy sereno y lleno de dominio propio. Parecía un hombre mayor con su guayabera, su cabello bien peinado y su carácter. Tenía el valor de dar a Dios lo que otros no son capaces de hacer: dedicarle su vida y su juventud. Entonces comprendí que nuestros ayunos ayudaban a sostener a personas como él.

No se trataba específicamente de mis problemas ni de mi vida, sino de la vida de toda una iglesia. Por un momento deseé ver a ese joven y a otros por siempre en la iglesia; tenerles firmes y constantes, llenos del primer amor.

No obstante, también recordé como en mis ayunos individuales de los viernes, los pasajes bíblicos que tocaban áreas sensibles de mi vida fluían como un manantial, brindándome consejos que nunca hallé en otros momentos. Hasta parecían milagros, y seguramente lo eran, la forma en que yo iba descubriendo todas esas revelaciones tan apropiadas y precisas y las iba pasando a un papel para después escribir acerca de ellas y contárselas a otros.

Y puede que mi vida sea difícil y no haya encontrado aún el camino, pero volver a ayunar con mis hermanos me llena de esperanza y me hace sentir confiado.

Creo que algún día encontraré todas las respuestas, y que al aprender todas las cosas que me son necesarias, Dios me pondrá en lo alto, en un lugar seco y seguro, y veré el porqué de esas tan alrevesadas circunstancias que he vivido

Entonces me acordaré que los ayunos nunca fueron para precisar a Dios por una contestación, sino para estar junto a Él y encontrar el lugar perpetuamente guardado para mí.

"Por eso pues, ahora, dice Jehová, convertíos a mí con todo vuestro corazón, con ayuno y lloro y lamento. Rasgad vuestro corazón, y no vuestros vestidos, y convertíos a Jehová vuestro Dios; porque misericordioso es y clemente, tardo para la ira y grande en misericordia, y que se duele del castigo."
Joel 2:12, 13

VIDA DE PROMESAS: UNA ETERNA BENDICIÓN

La anciana apresura sus pasos para llegar a la iglesia, en su corazón va repasando las diferentes aristas de su vida, de sus seres queridos y también la de sus hermanos. Le sobran razones para sentirse gozosa pero incluso la tristeza ya es una fiel compañera que trae más bendiciones que pesar. También va recordándose de las respuestas del Señor durante toda su vida.
Los achaques apenas apagan su sonrisa al acordarse de esos momentos cuando clamó y Dios le mostró; de todos esos años de ayuno y oración en su templo; de su vida pasada y los días y noches que lloró con pesar; de cuando ni siquiera podía dormir o mirar arriba, porque en algún momento también a ella le faltó la fe.
A veces tiene deseos de hacer una larga lista de bendiciones y, por qué no, milagros. Entonces teme olvidar algo o que pierda su magnificencia ese sentimiento. Se acuerda de todos esos problemas, cuando nadie parecía entenderla y escribía una larga carta a Dios.
Alguien se llena de gozo sólo de pensar que su vida es una bendición y que cada circunstancia moldeó sus sentimientos,

dándoles una esencia espiritual; que preparó su corazón para ser la ancianita cariñosa y conmovedora que es hoy.

Su consejo es tan sabio que levanta el ánimo del joven y el adolescente que no tiene esperanza. Las lágrimas de ellos desaparecen con el toque de sus manos menudas y envejecidas. Una palabra suya tiene toda la experiencia de una vida. Cuando dice una promesa es porque la ha vivido y cuando da un testimonio, entonces comprendemos que ella ha pasado por la aflicción muchas veces y que sólo se tienen los milagros con fe, paciencia y amor.

Todavía llegando a la iglesia, suspira y le da gracias a Dios. Aún espera ver grandes milagros, porque no se cansa de clamar por ellos, ni abandona su fe en la respuesta divina.

Muchos hermanos la observan y piensan que un día se irá a la presencia del Señor y no tendrán su agradable compañía que tantas bendiciones les trae. Pero entonces cada uno comprende que la Eternidad es la meta, que hay que descubrir el don que hay en uno mismo y que hay que agarrarse duro al Señor.

Todavía tenemos a la ancianita, que nos recuerda y nos da testimonio de una vida de promesas. Un día tiene lágrimas en los ojos, pero otro día con las palabras que salen de su corazón nos seca las nuestras. No hay nada mejor para prepararnos para una eterna bendición, que percatarnos que ella está a punto de lograr el resultado final.

El consuelo del Señor palpita en su corazón, porque una vida de promesas es una eterna bendición.

"...he aquí yo estoy con vosotros todos los días, hasta el fin del mundo"
Mateo 28:20

INESPERADO

Caminando me encontré a un comerciante de éxito, sobresaturado y hastiado de ganancias, el cual regalaba cosas a los pobres. Tenía una sonrisa en su rostro. Por un momento miró hacia mí y podía verse su corazón aliviado. Le hice una señal de aprobación con mi mano y al seguir mi camino todavía podía verlo a lo lejos sacando cosas de su comercio, como quien piensa que nada es suficiente.

En una de las calles, sin esperarlo, un amigo me sorprendió con un abrazo de agradecimiento por algo que yo había hecho por él; algo que ni siquiera era importante para mí y en realidad no valía nada. No pude más que decirle "gracias", porque su gesto había llenado de valor a mi corazón. Pensaba en lo mal y miserable que me sentía justo 10 minutos antes, pero ahora esa persona en apariencias nada especial me había devuelto la confianza.

A través del camino, un padre hablaba con su hijo. Conversaban con el mejor de los tratos y sus rostros estaban iluminados por el milagro de la reconciliación. Los dos me llenaron de exhortaciones y palabras de aliento acerca de mi propia vida, mientras yo asentía todas y cada una de sus palabras. Ellos conocían mis propios problemas. Permanecía frente a ellos y no quería marcharme, estaba viendo un milagro con mis propios ojos.

Cerca del puerto me encontré a un marinero viejo y pensativo. Me hizo historias verdaderas de su vida en tierra firme y de su escasa familia, mientras yo le conté mis relatos de faros y mares que nunca he visto, pero que a él le cautivaron. Era un extraño intercambio, pero se hizo mi amigo y hasta me parece que ya desea ser un cristiano.

Ya era tarde y casi me iba a casa, cuando coincidí con algunos conocidos que asistían a una boda. Los novios ya salían a la calle y tenían gran emoción. Yo me conmoví, aunque ni siquiera los conocía; pero antes de ponerme triste por las cosas que no tengo o aquellas que perdí, el novio estrechó mis manos como si me conociese de toda la vida, sólo atiné a decir "felicidades".

Al terminar el culto en la iglesia esa noche, un joven retrasado me dijo que él había orado mucho tiempo por mi cuando yo estaba apartado y me quedaba en casa sin deseos de ir a la iglesia. Le miré a los ojos y vi que desde su inocente padecimiento, Dios me estaba mostrando algo muy grande. Entonces le puse a él por una de las personas más importantes del mundo. Le podía imaginar en un banco del templo haciendo un gran esfuerzo en su mente para acordarse con aprehensión de mi persona y de todos mis problemas.

También escuché el sollozo de una anciana, de la gente que a diario muere de cáncer. Entonces miré al cielo le pedí a Dios por ellos; pero no dejé de ver el camino trazado para cada persona.

Caminando en soledad encontré algunas de las más bellas e importantes escenas, que calan el corazón y dan esperanzas al alma. Otras son tristes, pero son todas las que el Señor ha preparado para que aprendamos de ellas y nos moldeen. Realmente pude ver todo eso, porque yo le importo a Dios y Él quiere mostrarme cosas que son importantes para Él y que están cambiando constantemente mi vida.

Algunas bendiciones no provienen precisamente de la alegría y del gozo, sino de nuestros propios problemas y carencias. Son cosas que a veces ni pedimos.

Y puede ser que los milagros que sueño nunca sucedan, pero Dios también ha sabido darme lo que nunca esperé. Me ha premiado con la gran bendición de lo inesperado.

Gracias Señor por todas esas bendiciones y especialmente por lo inesperado.

"Toda buena dádiva y todo don perfecto desciende de lo alto, del Padre de las luces, en el cual no hay mudanza, ni sombra de variación".
Santiago 1:17

EL CORREDOR CRISTIANO

Ese año fue muy doloroso, la gente no se sentía segura sobre sus pies. Las noticias estaban colmadas de desastres naturales, guerras, asesinatos, robos y fraudes contables. Con tristeza se acostaban los de justo corazón y se levantaban clamando justicia y misericordia. Las cosechas se perdían por la sequía y las inundaciones, muchas cosas no se dieron como se soñaban.

La decepción era el sentimiento común en todos los corazones. Ese año mucha gente se olvidó de Dios y pocos regresaron a Él. Cada cual vivía con la sensación de que la vida era como la rueda de la suerte. Era muy fácil perder la fe pero muy difícil recuperarla.

Pero ese año había un corredor que era cristiano y que ganó todas sus competencias, sin faltar a ninguna. Parecía un milagro de Dios, porque nunca se lesionó ni dio una arrancada en falso. Tan pronto sonaba el disparo, salía como un bólido y cruzaba la meta de tal forma que dejaba a todos perplejos.

En medio de tanto dolor, la gente siempre tenía un momento para hablar de él, entonces la luz no parecía engañosa y los niños no temían de su porvenir. El presente, que dolía como un aguijón, se iba del pensamiento cuando se escuchaba de aquel corredor que rompía records mundiales una y otra vez y saludaba al público con devoción durante los campeonatos.

Mucha gente hablaba del hombre extraordinariamente ágil, para animarse y aconsejar; él estaba en boca de los ancianos y las madres. Alguna gente trataba de manchar su nombre, diciendo cosas que no merecía ni eran ciertas; pero el atleta seguía ganando y era lo único bueno que sucedía, ya que los momentos felices no eran tan comunes.

Muchos perdieron seres queridos y propiedades, los amigos se iban lejos y se convertían en recuerdos, pero el corredor no defraudaba a nadie y se podía ver su sonrisa que levantaba el ánimo y aliviaba el corazón. La gente humilde le seguía, mirando la TV tras los vidrios de las tiendas y en los diarios, la gente rica se preguntaba cómo podía ser cierto que nunca perdiera y nunca faltara a su lugar, y lo ponían como estandarte en sus negocios.

Había demasiada adversidad en el mundo pero había luz en aquel corredor, era un regalo de Dios. Ese año el corredor fue la mejor noticia del mundo, fue el mejor atleta de todos.

Pero un día el corredor desapareció, sus seguidores lo vieron como algo injusto de la vida.

Alguna gente dijo que regresaría y desde entonces cada día lo esperan. De vez en cuando la televisión pone imágenes del atleta y muchos se acercan a Dios, pensando en lo que él pudo lograr en medio del dolor que le rodeaba, sólo porque era cristiano y Dios se glorificaba tocando cada fibra de sus músculos y voluntad.

Y todavía su público imagina que suena el disparo de arrancada y que él está presente. Los afligidos lo esperan con los brazos abiertos en la meta, imaginando que es Jesús. Y no se cansan de esperar su regreso.

No ruego que los quites del mundo, sino que los guardes del mal. No son del mundo, como tampoco yo soy del mundo.
Juan 17:15,16

UN SENTIMIENTO ESPECIAL

Recientemente viví un acontecimiento que me conmocionó, ya era más viejo que mi padre. En estos momentos ya he comenzado a vivir más días que los que él vivió.
Mi padre murió a los 36 años en un lamentable accidente de tránsito, cuando yo tenía apenas 9 años. Se llamaba Roberto Roche, como yo, y era un padre maravilloso y de una voluntad increíble. Una noche no escuché el acostumbrado chirrido de la puerta del jardín, cuando él regresaba al hogar.
Nos unía un cariño especial. Todavía recuerdo sus paseos y como nos fabricaba lugares para que pudiéramos jugar y hacía modificaciones eléctricas y mecánicas a nuestros juguetes, para que tuvieran una mejor función. Cómo me enseñó a jugar ajedrez y me regalaba presentes cuando me portaba bien, me recuerdo hasta de la forma que me regañaba. Como jugaba con mis hermanos mellizos sobre la cama y le gustaba hacer planes con mi vida futura. Todavía siento la presión de su mano asiendo la mía.
He pensado mucho antes de escribir estas palabras y aunque alguien piense lo contrario, estoy seguro que veré a mi padre en el cielo. Quizás no lo reconozca como mi padre, pero allí estará y yo de cierta forma entenderé que ya no queda nada triste y de pesar en mi corazón.

Para soportar la tristeza de toda una vida, Dios me ha provisto de una madre maravillosa como un ángel, que aún tengo hoy en día. En su juventud estudió Educación Cristiana y toda su vida ha servido al Señor y cada ser humano que ha conocido. Jamás he escuchado de su boca una frase áspera para nadie y sólo la he escuchado decir palabras dulces durante 36 años que he vivido junto a ella. Por extraño que parezca, incluso a los mismos cristianos, ella siempre ha tenido gozo para vivir las más duras pruebas y circunstancias.

Ella nunca más se casó, se dedicó a criar a sus 4 hijos, incluyendo mis 2 hermanos mellizos, que sólo tenían 2 años este triste 18 de noviembre de 1978.

Nunca nos faltó un cumpleaños, una fotografía, zapatos, ropas, vacaciones, excursiones, los juguetes y mucho menos el amor y la ternura, o la enseñanza de que Cristo es el único consuelo para lo más triste que ocurra en esta vida. Mi madre usaba su máquina de coser madrugadas enteras para sostenernos, a veces tomaba pastillas para no quedarse dormida y herirse con la aguja de su máquina eléctrica. Cada noche, cuando nosotros dormíamos trabajaba incansablemente en el hogar.

Nunca la vi tirada llorando. Siempre ha estado de pie, sin pensar en su tristeza, haciendo todo lo que se hace en un hogar feliz y completo.

Ha sufrido hasta lo indecible pero nunca le ha dado la espalda al Señor. Es increíble que aún hoy Dios use a esa persona para darme esperanza acerca de mis problemas y mis tristezas. Y es mi anhelo en adelante y el tiempo que él me conceda tenerla, vivir con más aprehensión de su increíble don de ternura y fe.

A través de la vida he sido una pesada carga y sufrimiento para mi madre, pero ella sólo me ha amado más. Sé que me tiene por alguien muy especial para su vida. Estoy seguro que cualquier cosa que yo pueda hacer por mi madre, jamás sentiré que le he devuelto algo de su amor y milagroso cuidado. Y aunque no me considero una persona cariñosa

como ella, y de pequeño tenía mucho apego con mi padre, creo que todo lo que soy y si puedo escribir, se lo debo en gran parte a los sentimientos y a la vida de mi madre
Esta es mi reflexión nro. 36 y se la dedico a mi cariñosa mamá, Migdalia,
y a mi papá que tanto quiero y que nunca olvidaré
(Hoy en día todavía vivimos en el hogar que mi padre y mi madre construyeron para nosotros, y continua siendo un hogar cristiano).

•

ELIM A LA VISTA

Mi pastor oró por mí como siempre acostumbra a hacerlo, pues es mi más cercano consejero espiritual y también es mi amigo. Sentí gran gozo cuando en medio de la oración le escuché decir que yo simplemente me encontraba en una "parada en el camino", que la meta estaría más adelante y que este no era el fin de todos nuestros esfuerzos.
También me dijo mi pastor que me preparara porque después de la prueba vendrían grandes bendiciones. Me hizo ver que sin tener aún la certeza del milagro, ya debería ir pensando en un día hermoso y hacer planes al respecto.
Juntos recordamos el pasaje Bíblico que habla del pozo amargo en el Oasis de Mara, que tantas tristezas y problemas trajo al pueblo de Dios; de cómo apenas un poco más adelante el pueblo encontró un oasis con 70 palmeras y 12 pozos de agua dulce. También rememoramos a un Moisés preparado durante 40 años para tratar con su hermano el Faraón; a un José, injuriado y triste, que salió a la luz pública cuando fue el único capacitado para interpretar los sueños del Faraón. El mensaje era claro y preciso: Dios hace las cosas difíciles para que sepamos manejar bien sus asuntos y que estemos bien preparados para recibir su bendición.

Yo había recibido una respuesta a mis oraciones que era diferente a mis anhelos y a lo que alguna vez consideré sería un milagro hermoso y alentador, por un momento sentí me había quedado sin nada en las manos. Luego llegué a comprender que aquella adversidad simplemente era una respuesta sabia de Dios, y sólo eso necesitaba.

Ese día en que yo estaba en una parada en mi camino, sentí que no estaba motivado para escribir, mi nuevo sentir era: ¡¿Cómo puedo escribir si ya no tengo los mismos motivos?! Pero fue el día en que aprecié lo que decía otra persona y esto me bendecía enormemente. Yo no creía tener palabras en el corazón, pero un hermano las expresaba para que yo las escuchara y por ellas tuve un nuevo motivo para expresarme en gratitud.

Poco a poco mientras pasaban los días y quizás un poco más de tiempo, descubrí la razón correcta para comprenderlo todo, que el cristiano no tiene preguntas sin respuestas, aunque algunas no sean "humanamente" agradables y otras parezcan demorar un poco.

Ya había salido de Mara. Elim estaba a la vista.

Y llegaron a Elim, donde había doce fuentes de aguas, y setenta palmeras; y acamparon allí junto a las aguas.
Éxodo 15:27

UNA VASIJA PARA SIEMPRE

Muchas veces observo al alfarero terminando una pieza. Sus manos parecen estar concluyendo el trabajo. La vasija alcanza formas que me son muy atractivas y llego a sentir que es la forma que el artista está buscando. En mi mente imagino el resultado final tomando en cuenta la forma que más me ha agradado; pero sorprendiéndome, una y otra vez, el alfarero presiona con sus manos y cambia la forma de su obra; la hace un poco más ancha o cerrada abajo, probablemente también un poco más baja; entonces llego a pensar que casi ha deshecho el trabajo y que ha perdido la oportunidad de detenerse y darse cuenta de que es hermosa. Me percato que cuando parecía terminado el trabajo, todavía las manos interceden tomando diferentes disposiciones y variando las curvas y circunferencias.
La realidad es lo último que seguramente pienso: que el alfarero está buscando el grosor adecuado para que la pieza no sea demasiado tosca y que tenga a su vez la fortaleza y utilidad necesaria; que sea firme sobre su base cuando contenga líquido, pero que también sea hermosa. Él está buscando un balance entre los diferentes aspectos. Está logrando una pieza que perdure y que no sea en vano su

existencia; se está basando en su basta sabiduría y su conocimiento del barro, algo que yo no poseo.

Es hermoso e importante que la Biblia mencione la persona del alfarero unas 15 veces en el Antiguo y Nuevo Testamento, y que también nos declara que somos como barro en las manos de Dios. Tomando en cuenta mis apreciaciones, pienso en las veces que he pensado que estoy bien, que no necesito cambios drásticos en mi vida, en las etapas de mi vida cuando me siento tan cómodo y estable que creo no necesitar a Dios para vivir. Sin embargo es cuando Dios más necesita cambiarme, casi totalmente y para bien mío. Él necesita hacerme más dependiente de Su voluntad, más humilde de corazón y dado a la misericordia y el amor con los que me rodean. Dios quiere que perdure y que no sea en vano mi existencia. Y es que su mensaje suplicante y misericordioso nos intenta rescatar cada minuto de nuestra penosa condición y de nuestra ignorancia. Él simplemente va a lograr que nos identifiquen con la obra de Sus manos como dicta Isaías 29:16 "¿Acaso la obra dirá de su hacedor: No me hizo?"

A través de la imagen del alfarero se nos muestra que todo puede ser hecho nuevo y todo puede cambiarse milagrosamente. Dios no quiere que nos pisoteen como barro deshecho, más bien que seamos testigos que cada día hay un milagro en Sus manos. Por muy duro que sintamos la presión sobre nosotros, Él quiere lo mejor para nosotros, porque en tal medida experimentaremos los frutos de su amor y cuidado. Dios actúa en su sabiduría perfecta, eterna y en su conocimiento exhaustivo de nosotros mismos. "Pues aun vuestros cabellos están todos contados." (Mateo 10:30)

Si abrimos la puerta de nuestro corazón nada ni nadie nos quebrará y desmenuzará como barro, porque Dios nos hace nuevos y fuertes en Él cuando lo necesitamos. Él no hace nada que no sea milagroso, con el único fin de salvarnos y hacernos mejores. Dios tiene manos perfectas para el barro y para nuestros corazones. Tenemos nuestra vida para comprenderlo y transmitirlo a otros, porque somos su obra maestra, que se perfecciona cada día y alcanza formas más humanas y agradables a Él. Somos una vasija para siempre.

"...Estando persuadido de esto, que el que comenzó en vosotros la buena obra, la perfeccionará hasta el día de Jesucristo. ¿No podré yo hacer de vosotros como este alfarero? He aquí que como el barro en la mano del alfarero, así sois vosotros en mi mano..."
Filipenses 1:6 y Jeremías 18:6

REPARTIMOS SUS ROPAS

El visitante y aquel que estando ausente mucho tiempo regresa de un largo viaje, hacen regalos a la familia y a los amigos de toda la vida; tienen atenciones y frases de elogio para las personas más queridas. Regalar, ya sea algo material o afectivamente, es un gesto de reconocimiento de los sentimientos y una muestra de consideración.

La Biblia nos habla de momentos en que Jesucristo, Dios, incluso los hombres mismos, repartieron alimentos, bendición, dones, cargos públicos... Dios suministraba el maná en el desierto y su Hijo hizo el milagro que muchos panes, peces y el vino fueran multiplicados y después repartidos.

No obstante conocemos de una ocasión, cuando fueron repartidos los vestidos de la persona más increíblemente buena y justa. Porque no siempre repartir es un acto de bondad y amor. El momento no podía ser más humillante y triste: el día de su muerte en la cruz del Calvario

Se puede leer en la Biblia, en Marcos 15:24: "Cuando le hubieron crucificado, repartieron entre sí sus vestidos, echando suertes sobre ellos para ver qué se llevaría cada uno."

A través de las experiencias de la vida, los hombres hacen idénticamente esto unos con otros. Entonces echan suerte sobre el alma del prójimo.

Seguramente yo también más de una vez he repartido los vestidos de alguien, condenándolo en mi mente y creyendo que ya nada lo puede hacer cambiar o ayudar. Pero mi mente finita e imperfecta no comprende a veces que Dios tiene la última palabra para todo y esto ha sido por los siglos de los siglos. Porque cuando pensamos otra cosa, entonces deberíamos cuestionarnos a nosotros mismos como seguidores de Cristo.

En lugar de echar suerte y condenar a nuestro prójimo deberíamos abrazarlo dentro de nosotros mismos y proponernos ayudarlo a tener un milagro para su vida. Nuestra mano de amor, incluso una simple frase, puede cambiar el rumbo de una vida. Jesucristo está exhortándonos a que aprendamos a dar de su amor, aun cuando echen suerte sobre nosotros y repartan todo lo nuestro.

Él quiere que aprendamos de los tantos momentos cuando los hombres se envilecieron, juzgando la dignidad divina de su hijo Jesucristo y en realidad lo que estaba sucediendo era que el Señor estaba sacrificando humildemente su vida por toda la humanidad.

¡Dejemos de repartir las ropas de Cristo y comencemos a dar de su amor!

Un mandamiento nuevo os doy: Que os améis unos a otros; como yo os he amado, que también os améis unos a otros. En esto conocerán todos que sois mis discípulos, si tuviereis amor los unos con los otros.
Juan 13:34,35

RESTAURACION

Bendita restauración, en que sientes que nada ni nadie te puede separar del amor de Dios y te apasionas por todo lo que antes yacía a un lado, abandonado y sin sentido. Ya no importan tus errores, no te oprimen el corazón hasta llorar, ni te quitan el sueño. No sientes que todo está perdido o que otra vez lo has echado todo a perder. Tienes paz y aunque, todavía un poco triste, te has dado por vencido de tu obstinación y el Señor ha venido a rescatarte. No tardó ni un minuto en extenderte su mano y sacarte del pozo de la desesperación.

Para cuando todo acabe de esta etapa triste, yo veré el milagro más grande del mundo. Tu paz, que es mi pensamiento cada minuto; tu nueva vida, que es la sonrisa que quiero llegar a ver, ya no serán mi lejano sueño ni tu futuro será mi carga espiritual.

Hay muchas preguntas importantes, y aunque no sabes todas las respuestas, sabes cuáles son el tipo de respuestas que te traerán bien. Aunque las palabras correctas están en tu corazón te es difícil contestar de una forma práctica. Satanás es astuto, no duerme jamás, no quiere que veas la luz a través de tu puerta. Cuando descansas o tratas de desechar lo que te aparta de Dios, de ver más allá de tus narices y de añorar todos los beneficios, ya él está preparando su próxima estocada.

Tú puedes tocar nuevamente el rostro del Señor. Tú crees en todas esas cosas maravillosas y benditas, tienes fe en la obra del Señor,

El pecado siempre estará al alcance de tu mano, porque vivimos en habitaciones con clavos punzantes en las paredes. La carne, física y espiritualmente, es algo con muchas contraindicaciones y advertencias, porque en verdad es lo que nos hace vulnerables y el enemigo te conoce al dedillo.

Fundado en el poder de Dios y en las oraciones de sus hijos, alcanzarás nuevamente las promesas y todo quedará en el recuerdo de los que siempre creyeron en ti, de quienes sabemos que, aunque el enemigo es astuto y siempre ha luchado contra nosotros, nunca ibas a malograr tu vida.

Es muy fácil torcer el camino a las tinieblas, dejar de ser un hijo de luz. Lo primero es abandonar la fe y creerte que eres tan negativo, irreverente y pecador, que no hay progreso en tu corazón respecto a la vida espiritual que el Señor demanda de ti.

Cuan recurrente te es pensar que no va a suceder nada bueno mañana, pero que desolador es cuando abandonas la fe. ¿Qué te queda, si dejas aquello que el Señor te regala para enfrentarte al mundo y a las pruebas más agobiantes? ¡Qué triste es creer que ya todo está perdido y que el milagro, el que esperas, es algo utópico e imposible!

Pero si te sometes fielmente al Espíritu de Dios y te sostienes todo el tiempo en su poder, dejando que también te sostenga y recibiendo todos sus beneficios y su virtud sanadora, podrás seguir adelante.

Algún día reconquistarás lo que hace feliz de verdad, tendrás tu propio milagro, que será también mi milagro.

Hay muchos a nuestro alrededor que necesitan de la restauración, aunque creo que el cristiano más fiel y agradable a Dios es porque vive en una restauración constante. Cada día eleva su oración como un hombre quebrantado y necesitado, como el publicano.

No eres invulnerable, nunca lo serás viviendo aquí. Sólo que ahora sabes dónde está tu diario sustento y esto es un alimento constante en tu vida. Todo tiene sentido y una sabia salida, gracias a la fe que hemos depositado en la obra redentora de Cristo Jesús.

Una de las mejores maneras de saber qué es mejor y qué es lo bueno realmente, es observar lo que otros han hecho por acercarse al Señor y lo que algunos tratan de alcanzar. En algún momento de sus vidas seguramente ha existido o existirá la huella bendita de la restauración.

Y reclamarás nuevamente tu lugar, entonces el milagro será una realidad porque todo habrá regresado y tú serás transparentemente lo que siempre yo vi.

Por lo cual estoy seguro de que ni la muerte, ni la vida, ni ángeles, ni principados, ni potestades, ni lo presente, ni lo por venir, ni lo alto, ni lo profundo, ni ninguna otra cosa creada nos podrá separar del amor de Dios, que es en Cristo Jesús Señor nuestro.
Romanos 8:38, 39.

TEJADOS

Nos pasamos nuestra corta vida construyendo un techo, pero al final lo veremos desde el Cielo. Eso comprendí recientemente, cuando estuve cerca de dos personas que sufren de insuficiencia renal y son dializados repetidamente.

Uno de ellos era un hombre mayor, muy atento y educado. Yo había tomado el mismo taxi que debía recogerlo para llevarle al hospital. Noté enseguida que era muy querido por el pueblo, cuando en una de las paradas del camino era tratado amablemente por mucha gente.

Algunas personas lo trataban como si todo estuviese normal y le pedían sus servicios, haciéndole ver que no estaba enfermo. Toda la alegría que podían brindarle era recordarle su tejado, aquel que había construido toda su vida con el sudor de su frente y la honradez de su trabajo.

Otra de las personas es una mujer mucho más joven, de nuestra iglesia. Siempre me entristece cuando le veo los hematomas rojos en su brazo y también en su cuello. Son las marcas y heridas de sus diálisis. Pero me llena de gozo cuando se pone de pie y habla acerca de su enfermedad y su relación íntima y personal con Dios, de cómo va entendiendo el proceso físico y espiritual de su padecimiento, y le da gracias a Dios por las cosas que ha aprendido su corazón.

Lo más importante es que su fe se mantiene; más bien se hace una fe hermosa y verdadera. También le puedo ver sonriendo, y me conmueve mucho más cuando le saludo y me sonríe sin pesar en su mirada.

Yo creo que hay que tener mucho valor para aprender las cosas más importantes de esta vida, para soportar una prueba tan difícil, para que el cáncer u otra enfermedad no quite la verdad del corazón, para pensar con convicción y paciencia cuando no hay muchas esperanzas, y para creer que los mejores milagros son los que Dios les da color.

La gente se agolpa y se preocupa esperando otra clase de milagro, pero es simple y sincero en la Palabra de Dios. Hay un hogar que siempre está esperando, Las calles de oro y de cristal son una imagen cada día más nítida en la mente de un cristiano que está enfermo.

No importa la quimioterapia ni las diálisis; que nuestros tejados son demasiado importantes y no queremos abandonarlos; que estamos tristes porque tenemos familia que pasa duras pruebas; que existen repetidas angustias que parecen juntarse todas; que es muy difícil de entender y aceptar la forma en que Dios decide llevarnos a él; y que tenemos muchos sueños aun por cumplir.

Nuestro tejado, definitivamente, es el amor de Dios; porque el Cielo es más hermoso.

Es nuestro tejado, que esperamos toda la vida. El Señor lo hizo para nosotros y fue lo más hermoso que creó. Nuestra morada eterna.

LO QUE DIOS HACE

En mi iglesia es donde veo hombres de 6 pies sollozar y estremecerse. No es necesario que muera nadie y no importan que sean ex militares y académicos curtidos de vivencias y emociones fuertes. Me pregunto cómo puede ser eso posible si simplemente lo miramos desde un punto de vista físico. Dios hace pequeño al león y grandes sus promesas.

Recientemente mi madre tuvo a su cargo unas palabras en el Día del Pastor. Ella tenía su Biblia abierta en 2da. De Reyes 3:18, una y otra vez repitió "Y esto es cosa ligera en los ojos de Jehová". En medio de su predicación escribí esta cita en un segmento de papel. No quería olvidarla, para leerla después.

Al llegar a casa y estando en mi cama tomé la Biblia y leí el pasaje. No quería olvidar el rostro de mi madre cuando lo repetía una y otra vez. Era la misma persona que se sentaba al borde de la cama a llorar junto conmigo en medio de la madrugada poco más de un año atrás.

He cometido tantos errores que me pierdo tratando de explicarlos, pero creo que no importa la explicación sino el amor con que el Señor arregla todos nuestros desatinos existenciales para que su voluntad sea hecha sobre todas las cosas. Pienso que algo así pasa por la cabeza de esos hermanos, fuertes en apariencias pero quebrantados en espíritu, y que también es lo que pone pautas en el camino de cualquier cristiano.

La gente me dice que cuando mi vida se "estabilice" será tarde ya para muchas cosas. Me es triste escuchar eso y quizás llegue a ser cierto. Pero si sé una cosa, que Dios está guiando mi camino y que algún día sonreiré con buenos motivos en el corazón, porque Dios hace pequeño al león y grandes sus promesas.

Quizás ya ni tenga ese tipo de vivencias que ha motivado estos textos humildes, que he escrito con lágrimas en mis ojos, pero entonces los seguiré compartiendo para que no sea un ministerio muerto y sirvan de aliento a otros. Será un hermoso recuerdo de cómo el Señor me transformó e hizo resplandecer su rostro sobre toda tristeza y sombra de desvarío.

Todo esto será posible porque Dios hace pequeño al león, pero grandes sus promesas.

"Y acercándose al foso llamó a voces a Daniel con voz triste, y le dijo: Daniel, siervo del Dios viviente, el Dios tuyo, a quien tú continuamente sirves, ¿te ha podido librar de los leones? Entonces Daniel respondió al rey: Oh rey, vive para siempre. Mi Dios envió su ángel, el cual cerró la boca de los leones, para que no me hiciesen daño."
Daniel 6:20-22.

UNA ORACIÓN POR UNA HERIDA

Recientemente el poderoso huracán Wilma azotó la Ciudad de La Habana. Las fuertes olas y vientos arremetieron contra el centenario malecón destruyendo parte de su estructura. Las calles se inundaron y mucha gente se sintió desesperada por el alto nivel del agua que cubría buena parte del área metropolitana y sus propias casas.
Días después mis amigos comenzaron a enviarme fotos de la tremenda inundación. Enseguida una de ellas me aprehendió el corazón. Podía verse el legendario Faro El Morro, mientras una ola gigantesca golpeaba toda la torre hasta la parte superior de la capilla. Me recordé enseguida de la imagen que tengo grabada en mi mente del mismo sitio, un lugar hermoso en el cual baten suaves olas hacia los farallones.
Sentí que no existía una mejor ilustración de una persona que pasa duras pruebas.
Creo que así también nos acordamos de otras etapas de nuestra vida, en que quizás teníamos las manos llenas de bendiciones y ni siquiera las cuidábamos. Años pasados en que apenas teníamos preocupaciones y pesares que nos quitaran el sueño. Entonces nos preguntamos cómo es

posible que tuviéramos tantos regalos de Dios cuando no vivíamos agradablemente ante Él.

Hace poco pensé momentáneamente en un canje que, de poder realizarse, podría sumirme en ruinas. Esta especie de trueque seguramente sería agradable a Satanás.

Pensé en qué respuesta daría yo si pudiera cambiar mi vida actual y volverla atrás. Tendría algunas cosas que perdí y quizás pudiera perfectamente reparar a tiempo algunos graves errores y conservar esas cosas perdidas. Pero entonces estaría desechando todas mis experiencias de quebranto y cambiándolas por el pasado.

Todo lo que he escrito desaparecería y también la forma en que aprendí a perdonar, a no ser una persona egoísta, a orar, incluso a humillarme y a ser un mejor hombre en sentido general. Seguramente volvería a ser un "cristiano ocasional" y tendría nuevamente indiferencia hacia las cosas del Señor.

Creo que no podría hacer ese intercambio aunque me muera de tristeza.

Muchos cristianos de La Habana oraron durante días porque su ciudad y sus propias vidas volvieran a la normalidad. Un tiempo después de la inundación, se olvidó el dolor con algún feliz acontecimiento, una oración contestada o simplemente una sonrisa o gesto de otro ser humano; y aunque la gente ni siquiera lo note, las heridas siempre tienden a cerrarse.

El Morro emitía sus suaves destellos de siempre. Las aguas habían bajado, como cuando queda contestada una oración hecha con carga espiritual y corazón sincero. Podía sentirse algo especial que viene del Señor, que nos cuida y nos hace confiar un día más; que todas las pruebas pasarán y las heridas serán curadas; y algún día, aunque no sea en la tierra, las cosas llegarán a ser mucho mejores que antes.

En adelante, cuando sienta algún pesar por mis heridas y mis pruebas, tendré una nueva imagen para tener una fe viva y una esperanza un poco más firme. Entonces pensaré en el antiguo faro golpeado por la gran ola. En medio de mi oración no dejaré de sustituir esa imagen con la que tengo guardada en mi corazón. Un lugar donde suaves olas baten contra los farallones. Porque siempre existirán resultados positivos para nuestra fe.

Es lo que se manifiesta y prevalece cuando Dios toma el control de nuestras vidas y alienta a los que día a día confían en Él.

Porque no hay herida que Él no pueda curar.

Y vinieron a él y le despertaron, diciendo: ¡Maestro, Maestro, que perecemos! Despertando él, reprendió al viento y a las olas; y cesaron, y se hizo bonanza. Y les dijo: ¿Dónde está vuestra fe? Y atemorizados, se maravillaban, y se decían unos a otros: ¿Quién es éste, que aun a los vientos y a las aguas manda, y le obedecen?
Lucas 8:24, 25.

EL CHEF MALVADO

Satanás no es un chef cualquiera. Los recipientes de su cocina están limpios y brillantes, para que nadie dude por las apariencias y por presentimientos. Tiene maestresalas que dominan y hablan simultáneamente varios idiomas, usan ropas pulcras y lucen serenos y educados, como las personas muy cultas que seguramente son. Son los engañadores que nos dicen que nuestro lugar está en el Mundo.
Las mesas están majestuosamente ornamentadas. La decoración de su restaurante es fina e impecable. El ambiente no puede ser más agradable. Colores, formas y texturas endulzan la conciencia y apocan el cerebro. Allí la armonía no tiene discusión porque tiene el personal idóneo para mostrarla. La palabra "profesional" trata de sustituir a Dios y la preeminencia de lo que Él quiere para nuestras vidas.
Sus camareros son hábiles en mostrar los encantos inexplicables de cada plato y de la bebida que se sirve. Ellos conocen perfectamente que la excelencia que parece ofrecer las plenitudes del mundo, con un poco de amor fingido, causan las ataduras y dependencias. Así se va conformando la clientela más heterogénea jamás vista pero completamente

perdida por la que trabaja día y noche el chef malvado de este Mundo.

El chef tiene una habilidad especial para combinar los ingredientes de sus recetas milenarias. Él sabe cómo tratar a una persona.

Los matrimonios y hogares son su predilección. Estos reciben el alimento con lo mejor que puede salir del horno de un chef como él. Con su plato insignia, la destrucción, llena a los matrimonios de necesidades sin solución y sueños sin cumplir, les quita el apoyo familiar y les pone de frente a todo tipo de adversidades y a la monotonía. Lo peor de todo, es que un ingrediente especial les impide darse cuenta de los problemas hasta que ya es demasiado tarde o les ha consumido el corazón y ha hundido al hogar. Otro ingrediente misterioso hace que los hijos comiencen a ser un problema por su forma de pensar y de actuar, convirtiéndolos en hijos pródigos del mañana.

Para los hermanos redimidos y nacidos de nuevo, que enfrentan pruebas difíciles y que luchan contra vicios terriblemente dominantes y ataduras del pasado, algunos de los cuales necesitan encontrar una iglesia que les ayude y hermanos que les entiendan. Para ellos también hay una receta especial: determinados inconvenientes para que no puedan recibir el apoyo necesario. Un aderezo de luchas respecto al buen fin del gran esfuerzo que están realizando. Para matizarlo, una pizca de duda, pero constante y con argumentos bien fuertes, preparados con su propia forma de pensar en el pasado, para que parezcan "soluciones propias".

Algunas iglesias y hermanos fríos y solitarios, que no conocen a fondo sus artimañas, son un cliente fácil de atraer, pero a veces es necesario aprovechar bien las circunstancias, lo cual no deja de ser un reto agradable para todo su personal.

Ciertos afortunados no regresan más al lugar, pero otros ya están sentados para la próxima cena. Desafortunadamente el chef malvado tiene muy buena clientela, porque sabe el lado débil de las personas y lo que les haría dudar de Dios y fácilmente les quitaría la fe. Sus recetas parecen mejorar con el tiempo y los ingredientes misteriosos se hacen más selectos y variados, cada día nos muestra manjares que esconden lujuria y perdición.

Satanás domina muy bien el arte de la persuasión. Hace que la fe parezca lejana y sin sentido, que la respuesta divina sea una utopía que nunca llegará.

Si apenas tienes motivación a visitar tu iglesia. Si orar y leer la Palabra son tareas que no encuentran un lugar en tu agenda diaria, ya casi eres un cliente de este triste lugar.

Él conoce tus debilidades, tus sueños; sabe lo que estás buscando en la vida, aquellas cosas por las que estás luchando, así que tratará de trocar tu camino.

Los ingredientes para tu plato están guardados hace mucho tiempo. ¡Por favor, no aceptes una invitación a ese lugar!

"Someteos, pues, a Dios; resistid al diablo, y huirá de vosotros. Acercaos a Dios, y él se acercará a vosotros. Pecadores, limpiad las manos; y vosotros los de doble ánimo, purificad vuestros corazones. Afligíos, y lamentad, y llorad. Vuestra risa se convierta en lloro, y vuestro gozo en tristeza. Humillaos delante del Señor, y él os exaltará".
Santiago 4:7-10.

EL ÁNGEL CIEGO

(Los ángeles son perfectos, ya no tienen una relación directa y estrecha con nosotros como en los tiempos bíblicos. La siguiente historia es ficción y sólo representa un reto a nuestra imaginación acerca de los milagros que esperamos para nuestras vidas y la forma que Dios puede obrar a través de nuestra buena voluntad)

El ángel recorría los largos pasillos, con sus manos palpaba cada rostro y hombro. Se escuchaban personas llorando, otros daban voces de gozo al sentir el toque de sus manos. Todos pensaban que iba a ocurrir un milagro, que sus vidas serían diferentes y sus males quedarían atrás.

En nuestra corta historia, cuando alguien es tocado por un ángel es como si el rostro se iluminara brevemente. Pero nadie se explicaba por qué Dios les enviaba un ángel ciego.

El ángel había tocado a muchas personas en señal de apoyo y consuelo, pero no se veía un resultado inmediato. Puestos en fila permanecían parados o echados en el piso, personas con todo tipo de problemas. Se sentían desesperados con sus problemas familiares, sus traumas, vicios, enfermedades y debilidades. Todos y cada uno de ellos creía ser merecedor de un milagro, pero el ángel sólo se limitaba a dar un breve saludo o una corta bendición.

Muchas personas de toda condición y edad, al ver que nada extraordinario sucedía y que el ángel no podía ver, abandonaban el lugar incluso antes de ser tocados por aquel ángel, quien avanzaba sin deparar en nada ni nadie en específico. Parecía un ser errado e inmutable. Todos necesitaban que Dios hiciese algo con sus vidas, pero ninguna enfermedad o profundo mal arrancaba un milagro o frase de esperanza del ángel. En vano habían acudido al lugar.

El ángel rondaba los pasillos, con mucha paciencia, muy metódicamente. Paso a paso, toque tras toque, hasta que se detuvo frente a un niño enfermo de cáncer. El ángel se dio cuenta que había hallado a la persona correcta. El niño no parecía estar enfermo porque tenía un rostro risueño, lleno de paz, a diferencia de las demás personas. Había tomado al ángel por su mano como si fuese el ser celestial quien necesitara el milagro, para que sintiera seguridad por sus propias manos.

El niño mantuvo su manito asida con mucha firmeza a la del ángel y lo condujo entre la gente. En su corazón no había pedido nada a cambio, la verdad que no tenía ataduras ni pesares, sólo se complacía en ver el rostro de gozo del ángel y él también podía sentirse como un verdadero ángel. Un don regalado a cada ser humano, pero raramente usado.

¿Qué mejor que un ángel ciego para ayudarnos a comprenderlo?

"Mirad que no menospreciéis a uno de estos pequeños; porque os digo que sus ángeles en los cielos ven siempre el rostro de mi Padre que está en los cielos."

Mateo 18:10.

MEDUSA

El Premio Nobel 2008 de Química entregó el lugar de honor a la "luz", una luz como la que emite la medusa Aequorea Victoria, específicamente la Green Fluorescent Protein (GFP). El descubrimiento de esta proteína milagrosa fue comparado con la del microscopio. Ese hecho tan trascendental para el futuro tratamiento de tumores malignos, enfermedades cerebrales y otros males, me ha servido de inspiración para mirar nuevamente lo que estaba ciego y oculto en mi interior, y pensar un poco más en la luz que nos guía en la vida, la luz de la verdad.

Hay pensamientos que me dicen que ganar la batalla por la vida es imposible, es el mismo sentido de las cosas que me hace levantarme angustiado cada mañana, recordándome todas mis derrotas y que hacen parecer a las enfermedades como sentencias de muerte, irremediables e impermeables a los milagros.

Hay otra forma también negativa de ver la vida, que me dice que mis pequeñas y grandes victorias a través de la mano de Dios, son cosas ya lejanas y parte del pasado. A través de los años, la vida me mostró que es muy fácil perder la fe, también negar a Dios y estar lleno de quejas. Una y otra vez traté de recuperar la misma fe perdida, pues no podía vivir sin ella. Liberándome de toda la ansiedad y la inhospitalidad espiritual, pude mirar arriba nuevamente y ver el cielo inmenso; luminoso y hermoso en gran manera.

Muchos pilares del mundo que me rodeaba demostraron su lado oscuro. Nuestro mundo siempre te está mostrando lo fácil que es llevar una forma negativa de caminar por él. La fe me mostró que la vida no es un viaje en vano, que el desaliento es un arma terrible y que la luz es la esencia de todo, la luz que ilumina los entendimientos, los corazones y la fe misma.

Cuando trato de comprender el amplio universo de posibilidades de este nuevo descubrimiento, de cómo "iluminará" cada secreto de nuestros cuerpos, imagino como también la palabra de Dios ofrece claramente un camino radiante, trazando el paso y el destino de nuestras existencias en esta vida repleta de muerte, historias tristes y enfermedades.

Si en efecto los científicos se sentirán "guiados" por la luz de una medusa que habita en las profundidades de los océanos y ven un rayo de esperanza frente a enfermedades incurables que no dan tregua al ser humano, cuánto más nos guiará la luz de la Palabra y la fe en medio de todas las tempestades de la vida.

Amigos optimistas imaginan que algún día quizás no exista el cáncer gracias a la obra y la inteligencia puesta en los hombres por Dios, esperemos que también lleguemos a comprender la luz eterna que proviene de Su mano y a la cual muchos ya han dado la espalda en este mundo tan desprovisto y agonizante.

No importan las crisis financieras mundiales, que los malos dogmas y blasfemias se fortalezcan por las tribulaciones de las buenas ideas, que el Mundo aplauda a los caudillos antes que a Cristo, que los milagros se conviertan en agua entre las manos; hay una huella visible que nos guía en medio de la tormenta. No será una luz tan visible para muchos, pero si más fuerte y real en el corazón de aquellos que llegan a comprenderla y seguramente mucho más hermosa que la de las estrellas.

Ya no debemos llorar más los trofeos y las metas no alcanzados, lo perdido y aquello por lo cual nos sentimos humillados. Lo que se quedó detrás ya nos dolió bastante. ¿Qué hay mejor que encontrar nuevamente el camino, pero ésta vez guiados por la luz de Cristo? ¿Qué hay mejor que pensar que lo más hermoso está aún por llegar?

RECHAZANDO A JOB

Todos llevamos un Job dentro. En menor o mayor medida se ve su estatura espiritual. Se despierta en ocasiones, pero por nuestra actitud sin razonamientos y escasa de espiritualidad, muchas veces muere prematuramente. En los tiempos de bonanza, cuando apenas nos acordamos de Dios, parece como que se ha marchado muy lejos.

Los momentos buenos o malos nos hacen sentir a Job desde diferentes perspectivas, un Job triste y abatido que no puede alcanzar la paz que añora su alma, o un Job que ha dejado atrás un gran problema y puede dar gracias a Dios.

Cuando existe algo grande que nos puede golpear en la vida o vemos una estela de consecuencias negativas, hacemos pactos con Dios, confesamos nuestras iniquidades y nos ofrecemos a una nueva y renovada relación con el Creador. Lo triste de estos "acuerdos" es que a veces terminan por disiparse junto con la niebla del diario vivir. No podemos pagarle a Dios ni con nuestras propias vidas, pues nada es lo suficientemente bueno en nosotros, pero es increíblemente bueno sentirse rescatados entre las circunstancias y ver el fin de la tormenta.

Recuerdo por lo menos un "pacto" de mi vida que fue bueno, no porque la parte del Señor no estuviese garantizada mediante sus promesas que siempre se hacen realidad, pues sólo de nosotros depende que una relación redentora sea bendecida y tenga éxito. Ni un cabello mío fue tocado. Los ángeles del Señor me cubrieron con sus alas y no hubo manera humana que pudiese dudar de Su Mano detrás de todas las cosas. Simplemente no parecía que Su Voluntad se escondiese detrás de meros acontecimientos y formas sutiles de actuar, sino que fue una demostración directa de la misericordia que yo imploré durante días y noches de angustia.

Pudiese narrar una emotiva y larga historia acerca de lo que sucedió, pero estoy seguro que podrán hallar algo así en sus propias vidas. Algo capaz de estremecer los cimientos de la ingratitud, la ausencia de devoción y la rutina de nuestros días. Todos tienen algún que otro milagro increíble en su propia existencia. La vida está colmada de milagros que no parecen tener nada de casuales.

Job tiene muchas caras y contextos, no encontrarás algo así en las redes sociales ni amigos parecidos en el Facebook, porque los grandes problemas y tristezas dejan a la personas sin el deseo de mirar por su ventana.

Leyendo la historia de Job te das cuenta que se contestan muchas de las tristezas de hombres y naciones narradas en otros libros bíblicos y de los tiempos modernos.

Cuando vemos morir nuestro Job por la falta de fe y visión, algo que llaman inmadurez, volvemos a la rutina de la vida, esa forma de vivir en que no forjamos nada nuevo para hacer notar entre los nuestros la presencia del Señor. Es nuestro vicio de vivir un día más y dejarlo a las cosas materiales y que no edifican, cargando nuestra pesada cruz que ni siquiera llamamos por su nombre.

Nuestro Job no tiene una historia que contar porque pasamos todas las horas del día rechazándolo a él. Nuestro Job es nuestro mayor temor, simplemente nos aterra que crezcan y se acrecienten sus penas, pues consideramos que es un hombro demasiado duro para llorar.

Nos pasamos la vida dándole muletas a Job para que pueda andar y que su realidad no nos perjudique mucho, para no vernos obligados a atenderle demasiado y no sentir su realidad; ni siquiera estar a su lado para escuchar su consejo y que su ejemplo no nos turbe. Nuestros días se escapan, pero nuestro Job siempre espera compartir algo con nosotros.

ACERCA DEL AUTOR

Roberto Ornan Roche es un escritor cristiano de Cuba. En 1995 ganó un premio por su texto "Arena en mis Ojos". A partir del 2004 sus textos han aparecido en revistas nacionales de las diferentes denominaciones cristianas de Cuba; tal es el caso de los títulos "Jesús", "Una Vasija para Siempre", "Arena en mis Ojos" y "La Historia Perfecta".

En el año 2009 el autor toma como propósito personal que sus historias sean conocidas internacionalmente, así es como "The Perfect Story", la versión en inglés, es publicada y difundida en EE.UU por el periódico cristiano Living Stones News, la Revista En Contacto e In Touch Magazine, respectivamente.

Recientemente ha publicado su recopilación de historias cristianas inolvidables en libro electrónico o ebook titulado "El Faro de Asaf" (The Lighthouse of Asaph), y que puede ser ordenado a través de Amazon.

El autor ha sido publicado en tres idiomas diferentes, pero es una persona humilde que vive en la Isla de Cuba y espera el milagro que su libro pueda ser de bendición y apoyo espiritual a muchas personas que necesitan una luz de esperanza y fe.

www.ingramcontent.com/pod-product-compliance
Lightning Source LLC
Chambersburg PA
CBHW031409040426
42444CB00005B/492